Lb 29/231.

UN COUP-D'ŒIL

SUR

LA SITUATION DE LA FRANCE,
EN 1825,

ET CONSIDÉRATIONS SUR LE GOUVERNEMENT, L'ADMINISTRATION DES FINANCES, LES MANUFACTURES, LES ARTS, LE COMMERCE INTÉRIEUR ET EXTÉRIEUR, LES COLONIES, LA MARINE MARCHANDE ET ROYALE, SUIVIES D'UN RÉSUMÉ ;

PAR F. L. D.

GOUVERNEMENT.

LE Gouvernement actuel de la France est d'autant plus fort, que les anciens ainsi que les nouveaux nobles ont le plus grand intérêt à le soutenir, de même que tous les propriétaires de biens fonds et de fortunes mobilières. L'intérêt du commerçant, du manufacturier, de l'artiste et de l'artisan est tellement lié à la propriété, qu'il serait impossible et même insensé de tenter d'ébranler cet ordre de chose ; l'intérêt de la société est encore si bien lié à celui du Monarque, qu'il serait également impossible d'ébranler l'un sans l'autre.

La Charte, ou le pacte constitutionnel, est un chef-d'œuvre de l'esprit humain, et le plus beau titre de gloire de Louis XVIII. On peut sans inconvénient en reformer l'organisation, si l'expérience en démontre la nécessité ; mais malheur à la main sacrilège qui tenterait de détruire l'une de ses bases.

La Charte garantit au Roi constitutionnel tous les droits qu'elle lui concède, et aux citoyens, tous ceux qu'elle leur accorde. Le Roi, en jouissant des prérogatives qui lui sont réservées, et en se conformant aux lois sanctionnées par l'autorité royale, peut faire beaucoup de bien à ses sujets, et point de mal ; car, s'il se trouve quelques fautes ou quelques erreurs dans l'administration, par abus de son pouvoir, ce sont ses ministres ou ses agents, auxquels il l'a délégué, qui sont responsables, et le Roi constitutionnel est inviolable et inébranlable sur son trône.

Le Monarque ne peut manquer de s'apercevoir sans cesse que l'intérêt de ses sujets n'est point séparé de l'intérêt de sa couronne, et qu'il serait extravagant de se déclarer l'ennemi d'un peuple capable de tout endurer, hors le joug insultant et despotique. La confiance le soutient, la défiance le priverait de sa force réelle.

Les lumières et les mœurs de la nation française ont nécessité ce changement salutaire dans les lois fondamentales, dictées par cet esprit de sagesse qui les a accordées. Il est donc impossible de détruire ces lois, sans perdre tout sentiment d'honneur et toute idée de liberté : le Roi, comme le noble et le plébéien, ont trop d'intérêt à les conserver, pour y songer jamais ; il n'y aurait qu'une faction insensée, qui serait bientôt anéantie, par la volonté générale et par la force coërcitive. Tout bien considéré, une monarchie héréditaire et un gouvernement aussi fortement constitué que l'est aujourd'hui celui de la France, sont, sous tous les rapports, préférables à celui de la république la mieux organisée, en ce qu'il n'entraîne point avec soi les secousses et les commotions auxquelles les gouvernements républicains sont exposés.

Une nation de trente millions d'habitants industrieux, qui possède un territoire aussi étendu, aussi contigu et aussi fertile, au milieu de l'Europe, sous le climat le plus tempéré, et qui a autant de communications intérieures et extérieures, bien gouvernée, peut atteindre au plus haut degré de splendeur, et être respectée de ses voisins. La grande force extérieure du gouvernement est dans le génie de la nation, qui paraît indestructible. Louis XIV, instruit par l'expérience de cinquante années de règne, connaissait bien ce génie national, lorsqu'il disait au maréchal De Villars, en lui ordonnant de livrer une bataille dont la perte pouvait ébranler son trône : « *S'il vous arrive quelque malheur, vous me l'écrirez à moi seul. Je monterai à cheval ; je passerai par Paris, votre lettre à la main ; je connais les Français, je vous mènerai deux cent mille hommes, et je m'ensevelirai avec eux sous les ruines de la monarchie.* » Ce moyen sera toujours infaillible. Le Monarque a dans ses mains le cœur de ses sujets : il peut à son gré les enflammer d'un enthousiasme inconnu chez les autres nations. Un peuple aussi chaud, aussi abandonné dans son affection, et qui a donné tant de preuves d'un zèle ardent et d'un amour qui monte jusqu'à l'héroïsme, doit être ménagé; et ce ressort incroyable sera toujours le même, tant qu'un Monarque français saura traiter noblement avec une nation aussi généreuse. Enfin, trente millions d'hommes paisibles et non asservis, jouissant de leurs priviléges, garantis par la main qui les gouverne, offrent, à tout prendre, une sécurité et des avantages qu'on ne peut trop apprécier.

Administration des Finances.

Elle ne doit être confiée qu'à des mains très-habiles, car c'est sur cette administration que reposent la sécurité, la prospérité et la splendeur des états. Multiplier le signe représentatif des choses usuelles et nécessaires aux besoins d'une nation, à son agriculture, à son commerce, à ses manufactures et à son industrie, c'est accroître et multiplier ses ressources; c'est enfin protéger la classe laborieuse, c'est lui donner des moyens de subsistance et d'aisance. Établir le crédit d'une nation sur des bases solides, et la mettre en état de remplir ses engagements avec exactitude et fidélité, c'est acquérir la confiance des capitalistes nationaux et étrangers; c'est aussi remettre en activité des capitaux enfouis et cachés, par le défaut de confiance. Multiplier le signe représentatif, à un intérêt modéré; l'appliquer à la prospérité de l'agriculture, du commerce des manufactures et des arts, c'est assurer la prospérité d'un état sur des bases indestructibles; c'est se mettre à même de repousser victorieusement toute agression étrangère:

ainsi l'Angleterre ; en multipliant depuis plus d'un siècle sa dette publique et ses ressources, en pompant le numéraire des étrangers, a su fonder sa prospérité, toujours croissante, et dominer les nations du continent européen avec leurs propres ressources ; car on a vu, dans l'ancien régime, des capitalistes français, rebutés des réductions de l'abbé Terray, placer leurs fonds, même en temps de guerre, à la banque d'Angleterre. En politique, il est donc démontré, en théorie comme en pratique, que celui qui aura le dernier écu, aura toujours raison.

Si les finances de la France ont été, depuis quelques années, administrées d'après ces principes, il ne faut pas s'étonner que le numéraire ait augmenté, et que l'intérêt ait baissé. On peut donc espérer que cette augmentation et cette baisse influeront d'une manière avantageuse sur la prospérité de l'agriculture, du commerce, des manufactures, de l'industrie et des arts. Il est donc de l'intérêt national que la saine partie des Français soutienne le gouvernement dans sa marche, sans écouter ses détracteurs.

Le crédit public dépend de la stabilité du gouvernement actuel et du vote de l'impôt ainsi qu'il est établi, et la prospérité de l'état dépend du crédit public. Ces deux bases sont trop bien établies par le contre-poids des Chambres, pour qu'elles puissent manquer ou être ébranlées par aucune secousse, et elles seront toujours le plus ferme appui du gouvernement.

Que ce soient des nobles anciens ou nouveaux, ou des plébéiens que l'on élise, et qui composent le corps législatif, cela ne fait rien à l'intérêt général ;

c'est toujours la grande propriété qui est représentée, et non les individus. Comme tels, ils ont le plus d'intérêt au maintien du gouvernement et à la prospérité de l'état. Dès qu'ils contribuent, en proportion de leur fortune, aux charges de l'état, et qu'ils sont égaux en droits devant la loi, comme les derniers citoyens, ils ne peuvent que faire le bien : d'ailleurs, les discussions et les votes des membres du Corps législatif étant libres et autorisés par la loi, il ne peut résulter du choc de ces discussions que des lumières salutaires au bien public. Alors, l'intérêt particulier est forcé de s'accorder avec l'intérêt général, et le gouvernement, profitant de ces lumières, se trouve instruit sur les besoins et les vœux de la nation.

Le ministre qui consacre ses talents, ses peines et ses soins au bien de l'état, ne peut surmonter les dégoûts, les contrariétés et l'ingratitude auxquels il est exposé par son administration, sous un gouvernement représentatif, que par une vive passion du bien public. Sans les passions, point de talents, de vertus, de grands hommes, de héros : il n'y a que la passion de faire le bien qui puisse engager le personnage assis dans les places élevées à se charger des soins pénibles de l'administration. Otez-lui ce vif désir, cette énergie dont il doit être animé, il n'est plus propre à sa place. S'il descend à son sang froid, il ne verra dans cette multitude d'individus sur la conservation desquels il est obligé de veiller, qu'un troupeau d'ingrats, de calomniateurs, de furieux, qui souvent déchirent la main dont ils reçoivent la vie. L'avantage de bien faire réunit donc beaucoup d'attraits! Oui, sans doute; c'est la plus noble, la plus satisfaisante des passions, le plaisir le plus pur, le plus doux, le plus digne de l'homme et l'action la mieux payée, parce qu'elle porte en soi sa récompense.

L'homme, que des flatteurs grossiers ou des écrivains peu observateurs nous peignent si éclairé, se trouve-t-il abandonné à lui-même, au délire de ses passions, aussi aveugles que barbares, il se montre le plus féroce, peut-être, de tous les animaux : on ne saurait donc trop le circonscrire dans les bornes de la morale, des lois, de l'autorité légale ; l'asservir en un mot à la nécessité d'aimer l'ordre, de faire le bien, et de pratiquer les vertus sociales ; ce qui n'est autre chose que cet ordre.

Agriculture.

Le grand art qui ordonne à la terre de produire, et qui, par des travaux successifs, enfante tout à la fois l'opulence des royaumes, les jouissances réelles de la vie et le vrai bonheur de l'homme ; l'agriculture avait été négligée en France, dans des temps d'ignorance et de barbararie : ce n'a été que depuis environ cinquante ans qu'une société d'agriculture s'est formée, et qu'elle a répandu sur notre sol les lumières de son expérience en cet art, qui y a fait quelques progrès depuis lors. Mais, malgré les efforts constants de cette société savante, l'agriculture n'a point encore acquis parmi nous ce degré de perfection où elle peut atteindre. Des expériences et de sages conseils peuvent y contribuer, et être très-utiles à de riches propriétaires, en état de faire des avances et des essais; mais cela est insuffisant pour mettre le sol de la France en état de produire tout ce qu'il est possible. Le quart de son territoire est encore en landes, bruyères et marais incultes, qui deviendraient féconds, s'ils étaient mis en valeur par de grandes associations et de grandes avances. Des conseils particuliers, quoique sages, ne suffisent pas pour donner à cette branche d'industrie l'élan et l'essor capables de fonder sur une base solide la prospérité de l'état, et de faire exister par d'utiles travaux sa nombreuse population. C'est à la sagesse du gouvernement qu'il appartient de donner cette direction. Le moment est favorable et opportun; le crédit et l'abondance du numéraire à un intérêt modique favorisent les entreprises agricoles. Les dépenses faites pour l'augmentation des productions du territoire sont bien préférables à celles que l'on destinerait à une guerre tant bien conçue et bien dirigée qu'elle fût, pour l'appas de quelques intérêts éloignés, étrangers, ou pour de chimériques rivalités. Pour parvenir à ses hautes destinées, la France a besoin d'une paix profonde et prolongée. La plus glorieuse conquête qu'elle puisse obtenir sans alarme, c'est celle de l'amélioration de son agriculture et de son commerce.

Le gouvernement possède les moyens nécessaires pour parvenir à un résultat si avantageux. Le bien général devant l'emporter sur celui des particuliers, il peut s'emparer de toutes les terres incultes, soit landes, bruyères ou marais, moyennant une juste et légitime indemnité envers les communes ou autres propriétaires de ces terres. Cette importante entreprise pourrait être proposée aux Chambres ; y être discutée et éclaircie, puis convertie en loi. Le cadastre peut contribuer à ce qu'une pareille amélioration soit bien dirigée : les communes et les propriétaires pourraient être appelés à cette opération cadastrale, afin de nommer, contradictoirement avec les préfets, des experts pour l'estimation de ces terres, qui se trouveraient acquises à l'état d'une manière légale. Ces terres pourraient alors être concédées par le gouvernement à des compagnies ou à des particuliers qui présenteraient une garantie suffisante pour répondre des conditions auxquelles elles leur seraient accordées : conditions qui fixeraient le laps de temps pour leur mise en valeur, et la charge par les concessionnaires d'en payer le prix de l'estimation entre les mains des agents du fisc, lequel prix serait réparti aux propriétaires, après leurs droits reconnus et fixés par qui il appartiendrait.

Une chambre mi-partie d'agriculteurs et de commerçants, établie dans chaque département, et présidée par le préfet, serait d'une très-grande utilité. Ces chambres, qui pourraient être convoquées et assemblées deux fois chaque année, pourraient être consultées par le gouvernement, et donner des avis importants. Ces deux branches, étroitement liées, forment le fondement et le plus ferme appui des empires, elles méritent donc toute l'attention du gouvernement.

L'amélioration des terres par le desséchement des marais, leur clôture et celle des landes et des terres vagues et incultes, les labours et les engrais, le choix des saisons, celui des engrais et des plantes qui leur sont le plus propres et qui produisent le plus, préparent des récoltes en tous genres qui fournissent les choses nécessaires à la nourriture de l'homme et des animaux domestiques, et donnent au commerce, par la surabondance, des moyens d'exportation qui peuvent contribuer pour beaucoup à la prospérité du pays.

En multipliant les prairies, on peut élever et nourrir un plus grand nombre de bestiaux, et augmenter les engrais, principes de productions, en arrosant les terres qui en sont susceptibles, et semant dans celles que l'on y aura préparées du tréfle, de la luzerne, et du sainfoin.

Les labours des terres froides et compactes doivent être profonds et faits aussitôt la moisson terminée, et dans les chaleurs, pour que le soleil en développe les sels et les parties.

Les labours des terres légères et sablonneuses doivent être moins profonds, et faits plus tardivement, pour n'être pas desséchées par le soleil. Les terres remuées et fumées pompent les pluies, les rosées et les gaz qui remplissent l'atmosphère, notamment le gaz carbonique et le gaz azote, puissants principes de production. Lorsqu'on ensemence des terres ainsi préparées, on les remue encore avec la bêche et le râteau, pour en diviser les parties, les unir et couvrir la semence : celle des blés, seigle, orge et avoine doit être faite au mois d'octobre.

Les ensemencements faits à la main consomment plus de grain; ceux faits au semoir, un peu moins, et ceux faits en plantant le grain dans la terre, encore moins. C'est l'expérience qui doit guider l'agriculteur sur ces procédés. Ces quatre espèces de grains ne produisent ordinairement, dans les bonnes terres, que dix à onze pour un, et dans les terres médiocres et inférieures, que sept à huit pour un. Il en est d'autres bien plus productifs, tels que le maïs, ou blé de Turquie, qui rend plus de cent pour un; le riz, qui rend plus de cinquante pour un; le sarrasin, ou blé noir, qui rend trente pour un.

La culture du maïs est introduite dans plusieurs provinces centrales et méridionales de France. Cette production si précieuse pour les hommes et pour les animaux devrait être propagée et encouragée; elle exige peu de soins et de travail. Si elle était introduite dans les vignobles, bien loin de faire tort à la vigne, elle lui servirait d'ombrage et d'appui. Ses feuilles ôtées, lorsque l'épi approche de sa maturité, seraient un excellent fourrage pour les bestiaux : ces feuilles pouvant être ramassées au mois de juillet, le bâton et l'épi ne porteraient aucun préjudice à la maturité du raisin. Les terres légères et poreuses sont les plus propres à cette culture. On plante le maïs au mois de février, dans des terres préparées, entre d'autres plantes auxquelles il ne peut nuire, notamment aux pommes-de-terre, patates et autres plantes rampantes. Les pieds du maïs, couchés, engraissent et retiennent les terres.

La culture du riz, dans des bas-fonds sujets au débordement des eaux, et dans des terres préparées et égouttées, réussit très-bien : il vient à merveille le pied dans l'eau, pourvu que sa somité ne soit pas submergée.

Le blé noir, ou sarrasin, se cultive et se sème

comme le blé, le seigle, l'orge et l'avoine ; il vient mieux dans les terres qui ont reposé. Les cendres ou la charrée, les boues des cours, celles des fossés, des rues, des marais et des rivières le font prospérer. Il détruit les mauvaises herbes, ameublit la terre, et la rend propre à la culture du blé : on le sème en mai, et on le récolte en septembre.

Les pommes de terre et patates peuvent être considérées comme un présent du ciel envoyé à l'homme, pour le soulager dans ses calamités. Honneur à la mémoire du célèbre Parmentier, auquel on devrait ériger une statue, pour avoir fait connaître l'utilité et l'importance de cette précieuse plante ! On la sème ou on la plante au mois de février, dans une terre préparée, poreuse et sablonneuse ; elle est bonne à prendre dès le mois de juin, mais elle n'a atteint sa parfaite maturité qu'en août. Il y en a de plusieurs espèces. On pourrait, pour les renouveler et les abonnir, en tirer d'Amérique, où elles sont délicieuses : l'expérience et l'observation doivent guider l'agriculteur sur les meilleures qualiés.

Cette production a l'avantage de ne pas être détruite, comme les grains, par les pluies, les orages et la grêle. Quand on n'est pas pressé d'en jouir, on peut la laisser en terre et en réserve jusqu'en octobre : plus elle reste en terre, plus elle acquiert de substance et de qualité. Après la récolte, on peut la conserver saine, en suivant les procédés des Allemands. Ils fouillent un grand trou en terre, sur une élévation qui ait une pente de tous les côtés, pour que les eaux de source et les eaux pluviales ne puissent les atteindre. Ils mettent alternativement une couche de paille et une couche de pommes de terre, ainsi de suite ; puis ils les recouvrent de quatre pieds de terre, qu'ils disposent en forme de cône ou de toiture, et ils les conservent ainsi sans altération plusieurs années. Sans les cachettes des pommes de terre des Allemands, plus d'une fois les armées françaises auraient péri en Allemagne. Par des moyens aussi simples, on peut avoir des greniers d'abondance, éviter la famine, et ne pas être tributaire des autres nations pour les subsistances.

Les pommes de terre, cuites et accommodées de quelle manière qu'on le désire, sont nourrissantes et très-saines. Râpées et trempées dans l'eau, elles y déposent une farine et une fleur que l'on fait sécher au soleil ou au four, et que l'on peut employer à faire du biscuit, des gâteaux et toutes sortes de friandises. Les pommes de terre sont encore bonnes à la nourriture des animaux domestiques.

La farine de froment est caustique ; elle n'est saine qu'autant qu'elle est torréfiée, fermentée et cuite en pain, en bouillie ou en assaisonnement.

Celle de seigle est froide, rafraîchissante : fermentée avec la farine de froment, ou fermentée et cuite en pain, elle est très-saine.

Avec l'orge préparée et le houblon, on fait de bonne bière, boisson excellente, et du pain grossier, mais sain.

La farine de blé noir, ou sarrasin, est également très-saine : elle est la nourriture des campagnards, notamment d'une forte partie des Bretons.

L'avoine, réduite en gruau ou farine, est bonne et rafraîchissante : entière, c'est une excellente nourriture pour les chevaux.

Le maïs est bon et sain, rôti, en épi; réduit en farine, et cuit à l'eau, c'est une nourriture saine: donné aux chevaux, à défaut d'avoine, il les engraisse et les rend vigoureux; donné aux volailles et aux cochons, ainsi que le blé noir, il les engraisse.

L'air vivifie et corrompt. Supprimez l'air, la fermentation cesse, la vermine est étouffée et les substances saines se conservent telles. L'expérience a prouvé que la croûte qui s'est formée autour d'un baril de farine submergé, en supprimant l'air, conservait la farine très-long-temps : ce fait démontre donc qu'on peut conserver intactes les substances pendant un long temps, et les mettre à l'abri de la vermine, par l'interception exacte de l'air.

Les physiciens remarquent que la terre serait bientôt épuisée, si elle fournissait seule les éléments nécessaires à l'accroissement des plantes, et que l'air, travaillé par la nature, composé des gaz carbonique, hydrogène et azote, était le véritable principe de cet accroissement ; que cet air gazeux était aussi salutaire aux plantes qu'il était nuisible à l'homme, et qu'enfin les plantes, par un effet tout naturel, divisaient les gaz, et attiraient l'oxigène, si utile à l'homme. Les labours, les engrais, les plantes, les arbres, attirent donc l'air gazeux, qui est si utile à la reproduction, et, par la végétation, l'oxygène : ils absorbent donc l'air nuisible à l'homme, et attirent, par la végétation, celui qui lui est salutaire.

En fumant et béchant profondément la terre avec la pelle de fer, l'élevant en sillons, au mois de décembre, elle reçoit l'air gazeux qui lui est utile pour bien produire. Cette préparation la rend propre, aux mois de février et mars, à recevoir les plantes et les semences de la saison, telles que le trèfle, la luzerne, le sain-foin, les pommes de terre, les chanvres et les lins ; les plantes potagères et autres. On rabat les sillons avec la bêche ou le hoyau, on aplanit les terres, on sème les graines et les plants, on passe dessus le rateau à dents de fer, pour couvrir les semences, et l'on pratique de distance à autre, transversalement et en pente douce, de petites rigoles, pour que les fortes eaux pluviales s'écoulent doucement et n'emportent pas terre et semence.

L'agriculteur qui a la majeure partie de ses terres occupées par des plantes utiles, et qui a beaucoup de bestiaux à nourrir, et pas assez de pacages, trouve, l'été, une très-grande ressource dans le trèfle, la luzerne et le sainfoin, qui peuvent être coupés quatre et cinq fois, dans la belle saison, notamment le premier, qui est aussi le plus productif. Ces herbages ne demandent à être renouvelés qu'au bout de quelques années.

La culture des chanvres et des lins devrait être encouragée par le gouvernement, principalement celle des chanvres, pour ne pas être tributaires des autres nations. Plusieurs départements de la France en produisent d'assez beaux, particulièrement celui de Maine-et-Loire ; mais pas en assez grande quantité pour les besoins du pays et de la marine.

La culture des vignes a été détériorée ; on a détruit, dans plusieurs départements, les plants nobles et d'autres de bonne qualité, parce qu'ils produisaient peu, pour leur en substituer d'autres qui produisissent davantage ; on a fumé les vignes, pour avoir de plus grands produits, et, par ces moyens, on a considérablement atténué la qualité des vins : ce qui les a déprisés chez l'étranger. Reste à savoir si les propriétaires de vignobles ont gagné à ce changement, et si, au contraire, ils n'y perdront pas par la suite. Des façons et des labours bien faits et en temps utile, des pailles ou fumier peu consommé étendu sur la terre, après la première façon, la retiendraient contre l'effort des grosses pluies, la rendraient moins compacte, et attireraient de l'atmosphère l'air gazeux si nécessaire aux plantes. On ne doit pas négliger les sarclaisons, ni l'extirpation des mauvaises herbes, qui absorbent les sels végétatifs, étouffent la plante, et donnent un mauvais goût au vin. On remarque que les vignes données au tiers et au quart du produit, sont plus négligées que celles tenues par de bons propriétaires. Beaucoup de terre employée, et peu de produits ; perte réelle pour les propriétaires et le fisc : une loi serait nécessaire pour réformer cet abus, abolir des concessions qui lèsent ces propriétaires et l'état, et qui entravent la progression des productions. On échalasse la vigne, dans un petit nombre de départements, et, dans les autres, on laisse la vigne traînante sur la terre. Les premiers ont plus de produits, et de meilleure qualité ; les autres en ont moins, et leurs vins sont inférieurs. S'il survient de grosses pluies, à la veille de la vendange, le raisin se pourrit et se gâte ; néanmoins on le porte au pressoir, et l'on a du vin détestable. Le raisin pressé avec sa grappe, donne un goût âcre au vin, qui le perd en vieillissant ; égrappé, le vin est net de mauvais goût. Si l'on empêche le vin de fermenter et de se purger par la bonde, on le rend mousseux, malsain : les vins mousseux attaquent les nerfs et le cerveau.

La culture des oliviers exige beaucoup de soins et d'expérience ; leurs riches et inappréciables produits contribuent beaucoup à la prospérité du pays où ils peuvent être propagés : cette culture mérite donc toute l'attention et l'encouragement du gouvernement.

La conservation des abeilles serait d'une grande ressource pour les citoyens peu fortunés, et deviendrait une branche de commerce très-intéressante. Avant la découverte de la canne à sucre, nos pères employaient le miel et la cire à leurs besoins : cette production si utile ne leur coûtait que des soins. On ne saurait trop encourager une branche d'industrie si profitable, en indiquant de suivre les procédés que des propriétaires ingénieux ont établis en Bretagne. Ces procédés consistent à élever les abeilles dans des boîtes de bois disposées artistement les unes sur les autres, de manière que les abeilles puissent communiquer en dedans. Lorsque la chambre de dessous est remplie, les abeilles montent à la chambre de dessus, pour y continuer leur travail, et alors on retire la boîte de dessous. On pourrait ne laisser d'entrée aux abeilles qu'à la boîte établie au-dessus de celle où elles travaillent, et leur donner l'entrée d'une autre à mesure qu'on retirerait celle de dessous : par ces moyens, d'une exécution facile, on conserve l'espèce, et l'on a de la cire et du miel supérieurs à ceux qu'on obtenait par les procédés anciens. On est certain de multiplier les abeilles et de centupler leur produit, en établissant les boîtes, faites d'un bois convenable, sous de petits hangars couverts en paille et ouverts de tous côtés, situés dans des jardins ou lieux peu fréquentés plantés d'arbustes aromatiques.

La propagation des moutons, notamment de ceux dits mérinos, est d'un intérêt incalculable dans ses produits. On n'a point encore établi en France de procédés assez ingénieux pour élever et conserver un animal aussi précieux, et pour donner une qualité supérieure à sa laine. En Angleterre, où la dent des loups n'est point à craindre, on laisse les moutons nuit et jour au grand air : ce qui contribue, avec les brumes, à rendre la laine si fine et si supérieure. En France, il conviendrait, pour mettre les moutons à l'abri des loups, de faire des parcs sur des terrains élevés et rocailleux, clôs et entourés d'une muraille; d'établir au centre un hangar bien couvert et ouvert de tous côtés, dans lequel seraient un ratelier, des auges, des logements pour le gardien et les chiens. Les moutons, ainsi parqués la nuit, seraient hors de tout danger et de l'injure des mauvais temps, principalement les agneaux, et tous en généal, après la tonte, époque où ils sont le plus susceptibles des impressions fâcheuses des révolutions de l'atmosphère : ils pourraient suivre leur instinct, pour être à couvert ou au grand air. Le soir, après les avoir fait entrer au parc, si l'on jugeait que la pâture eût été insuffisante pour les bien nourrir, on mettrait du foin dans leur râtelier, du maïs ou de l'avoine dans leurs auges, notamment si, dans le jour, ils avaient mangé des herbes chargées de sucs aqueux et froids, ou s'ils ont essuyé de mauvais temps étant dépouillés de leur toison. Cette nourriture, en les réchauffant, les préserverait des rhumes et du claveau, maladies destructives des troupeaux.

Pour éviter la contagion, on doit être très-attentif à éloigner du troupeau ceux qui sont attaqués de maladies, à tenir le parc très-propre, et arroser avec de l'eau soufrée le foin et le grain qu'on leur donne. Si la gale ou quelques insectes les atteignent, il faut les oindre avec une pommade composée de vieux suif, d'huile et de fleur de soufre : le soufre, pris intérieurement, pousse les humeurs à la peau, fortifie et facilite la transpiration ; l'huile et le soufre sont le poison des insectes et de la vermine. Avec de pareilles précautions, on pourra multiplier l'espèce, avoir de beaux moutons et de belles laines, entretenir les manufactures nationales et fournir au commerce des objets d'exportation. Les parcs qui existent en France, seraient très-utiles à la propagation et à la conservation des moutons ainsi qu'à l'amélioration de leur laine, sans nuire au gibier.

Quoique le gouvernement ait depuis quelques temps porté son attention à encourager la propagation des chevaux de bonnes races, cette branche d'industrie n'a point encore atteint la perfection, et elle exige de nouveaux sacrifices et des encouragements, tant que la France sera tributaire des autres nations pour la remonte de sa cavalerie et pour ses chevaux de luxe.

La multiplication des communications par eau, dans l'intérieur, et celle des bateaux à vapeur diminuera incontestablement la consommation des bêtes de trait et les frais de transport. La propagation de ces espèces ne doit pas en être moins soignée ainsi que celle des autres animaux utiles. C'est en perfectionnant et propageant toutes ces choses, qu'une nation s'affranchit de la dépendance étrangère, et qu'elle obtient une balance de commerce avantageuse.

La France, autrefois, était tributaire envers les autres nations de dix millions pour ses subsistances seulement ; par les soins portés à son agriculture, elle peut, aujourd'hui, leur en offrir pour autant : différence de vingt millions en sa faveur. Il peut en être de même des autres branches d'industrie et de commerce bien conduites et bien administrées.

La destruction et le gaspillage des bois, pendant la révolution, a exposé et expose encore la France à en manquer pour sa marine et ses constructions ; ce qui la rend tributaire des nations du Nord de sommes considérables : il faut espérer que le gouvernement portera toute son attention sur cet objet.

Hommes riches et puissants, voulez-vous atteindre, vous et vos enfants, à la plus grande somme de bonheur possible, pratiquez les vertus sociales, et remarquez bien que, sans les vertus, il n'y a point de bonheur réel ; fuyez l'air corrompu des villes, allez habiter vos châteaux, et prendre l'air oxigéné que vous présenteront les plantes et les fleurs de la campagne, air si propre à la santé, et à la vie de l'homme ; honorez et protégez par vos moyens le malheureux laboureur ; faites élever dans vos parcs des abeilles, des moutons et des chevaux de bonnes races, et songez que des avances faites à la terre, des secours donnés à l'agriculteur et des moyens de subsistance aux malheureux, vous offriront un intérêt bien supérieur à celui que vous retireriez du vil agiotage ; et qu'en outre, vous attirerez sur vos têtes les bénédictions du ciel, celles des infortunés que vous aurez soulagés, et celles non moins précieuses des bons agriculteurs que vous aurez aidés de vos avances. Vous contribuerez pour beaucoup, par ces moyens, à la prospérité de votre patrie et au bonheur de vos semblables ; vous sentirez dans vos cœurs cette jouissance si douce, si précieuse et si pure que la vertu, la bienfaisance et la reconnaissance peuvent seules faire éprouver à l'homme de bien.

Manufactures, Arts et Métiers.

Il n'y a guère que cinquante ans que l'industrie française a fait des pas de géant, surtout depuis l'abolition des maîtrises, jurandes et corporations. Le génie de la nation, dégagé des entraves qui le tenaient enchaîné, a su créer, inventer, simplifier et, par de nouveaux et ingénieux procédés, donner à moins de frais aux matières ce degré de perfection inconnu jusqu'alors. Enfin, l'industrie française a rivalisé avec celle des Anglais et l'a surpassée en beaucoup d'objets. Plus l'industrie sera dégagée des entraves qui pourraient en arrêter l'essor, plus les progrès en seront rapides. Le gouvernement, en protégeant l'agriculture, l'exploitation des mines et les découvertes utiles, trouvera dans le sol de la France la majeure partie des matières premières, et en diminuant les droits d'importation sur celles qu'on sera forcé de tirer de l'étranger pour compléter ce qui sera nécessaire aux arts et métiers, il en favorisera l'extension et les progrès. L'agriculture, poussée au degré qu'elle doit atteindre, fera diminuer les subsistances ; l'abondance du numéraire et la baisse de l'intérêt faciliteront le succès des entreprises industrielles ; la main-d'œuvre sera moins chère que par-tout ailleurs ; les artisans mieux nourris, mieux payés et plus heureux ; enfin les produits de l'industrie française pourront entrer en concurrence et obtenir la préférence dans tous les marchés étrangers.

Commerce intérieur et extérieur.

Parmi les grands avantages de la France sont les chemins et les canaux, principes de vie et d'action : les chemins et les canaux sont les vrais miracles du corps politique. Par-tout où coule une rivière, où s'étend un chemin, le mouvement et le travail y établissent l'industrie. L'obstruction, en politique comme au moral, donne la mort. Percez des routes nouvelles, ouvrez des issues, la vie pénètrera avec ces ouvertures ; tout s'animera, parce que, dès qu'il y a lieu au mouvement, le ressort se débande, et le talent éclate.

Le succès des grandes entreprises dépend souvent d'une centaine de capitalistes qui, ayant en mains toutes les richesses monnoyées, peuvent les prêter, peuvent les refuser. Les grands moyens appartiennent à ces capitalistes ; point d'opération majeure sans leur concours : la puissance du gouvernement se trouve subordonnée à leur volonté ainsi que le commerce. Dans l'ancien régime, où nos Rois gouvernaient par leur puissance et autorité royale, le crédit était nul, et, lorsqu'il était question de se procurer des fonds, pour les besoins de l'État ou pour une entreprise qui tendît à le maintenir, on ne pouvait trouver d'argent qu'à un intérêt double et quelquefois triple de celui que le gouvernement actuel peut obtenir. Aussi, le commerce, les manufactures et les arts languissaient-ils, malgré le génie de la nation.

Qui donc a fondé le crédit public sur une base aussi solide? C'est l'immortel Louis XVIII, par la charte constitutionnelle qu'il a donnée; c'est l'institution des Chambres; c'est la discussion publique des lois et le vote libre des subsides; c'est la bonne administration des finances; c'est, enfin, l'exactitude dans l'exécution des engagements. Il serait donc impossible de changer un ordre de choses aussi bien établi, sans s'exposer à retomber dans l'état de barbarie ou dans l'anarchie la plus déplorable. Les intérêts du Monarque et ceux des quatre-vingt-dix-neuf centièmes de la nation sont trop bien liés, pour que la centième partie, supposé qu'elle le désirât, voulût tenter de renverser un pareil ordre de choses : il n'y a donc que des insensés qui pourraient croire à une pareille absurdité. Que le gouvernement cherche à se renforcer contre des factions qui pourraient naître, cela est naturel; que l'opposition soutienne avec force la liberté et les priviléges de la nation, cela est aussi très-naturel :

car, dans les discussions parlementaires, s'il n'y avait pas d'opposition, il faudrait nécessairement en créer une pour donner du poids aux lois.

Le gouvernement et la prospérité du commerce dépendent donc du crédit public, de l'abondance du numéraire et de la modicité de l'intérêt. Le commerce intérieur prospèrera, il ne faut pas en douter, si le gouvernement lève les entraves qui pourraient le gêner.

Il en est de même du commerce extérieur. L'expérience a démontré, dans tous les états maritimes de l'Europe, et notamment en France, que les priviléges accordés à des compagnies pour le commerce d'outre-mer ont été ruineux pour les états et les actionnaires, et n'ont été profitables qu'aux agents de ces compagnies. Plusieurs ont renoncé à ces entreprises. Il n'y a eu que la seule compagnie anglaise, qui aurait péri comme les autres, si elle n'eût pas conquis un territoire très-étendu dans le Bengale, dont elle tire des tributs, qui non seulement couvrent les frais de ses établissements, mais encore une partie de ses achats de marchandises dans l'Inde* : ce qui l'a exposée et l'expose encore à soutenir des guerres continuelles avec les Indiens. L'expérience a encore démontré que le privilége et le monopole s'opposaient à la prospérité du commerce, enchaînaient le génie et l'industrie, et privaient la majorité d'une nation de participer aux bénéfices d'un commerce libre et protégé par le gouvernement. Autrefois, les compagnies portaient l'argent dans l'Inde pour payer les marchandises qu'elles en rapportaient, marchandises qu'on a imitées en France, et qu'on a surpassées : ce commerce ruineux faisait disparaître le numéraire. Aujourd'hui, la chose doit être bien différente, la France en rendant le commerce libre et lui donnant un lieu de relâche et un comptoir à l'abri de toute insulte, le génie et l'industrie trouveront les moyens de porter dans l'Inde des choses utiles et d'un débouché avantageux, et d'en rapporter des choses non moins utiles, et ce commerce d'échange loin d'être ruineux pour la France, lui deviendra lucratif.

L'Angleterre, qui ne laisse échapper aucune occasion de donner de l'extension à son industrie et à son commerce, a laissé l'Espagne et le Portugal se débattre avec leurs colonies de l'Amérique du Sud, et le temps à ces colonies d'opérer leur scission avec leurs métropoles, et d'établir des gouvernements réguliers qui ont formé des liaisons d'amitié et de commerce avec plusieurs puissances, et fait des emprunts sur diverses places de commerce. Le gouvernement anglais, qui a vu l'impuissance marquée de l'Espagne et du Portugal de s'opposer à cette scission et de recouvrer leurs colonies, a cédé aux désirs des habitants de ces contrées et des commerçants anglais. Il a reçu les agents diplomatiques de ces différents états, leur en a envoyé, a reconnu officiellement leur indépendance, et formé des traités d'amitié et de commerce avec eux ; puis il a fait communiquer officiellement aux cabinets des puissances de l'Europe sa détermination. L'Angleterre appuie cette détermination sur le droit imprescriptible que les nations ont de secouer un joug nuisible à leurs intérêts, et d'établir un gouvernement convenable au climat, aux mœurs et à ces intérêts ; l'Angleterre appuie encore cette détermination sur l'exemple qu'elle a donné elle-même en faveur de ses provinces du Nord de l'Amérique, en sanctionnant leur indépendance ; elle l'appuie enfin sur le droit qu'ont les gouvernements et les nations civilisées de faire des traités d'amitié et de commerce convenables à leurs intérêts. Il n'est pas douteux que le gouvernement anglais n'a pas fait une pareille démarche (qui offre aux autres puissances la même carrière à suivre) sans avoir pris la résolution, si elle était contestée, de la soutenir par la force. Que répondre à un pareil dilême ?

Des armateurs de divers ports de France ont envoyé des bâtiments chargés de produits de l'industrie française, dans les ports des états de l'Amérique du Sud, pour participer au commerce de ces contrées. Les capitaines ont été très-bien accueillis, et ont fait des retours avantageux. Les armateurs et négociants des places de commerce viennent récemment de solliciter de Sa Majesté l'envoi d'agents accrédités auprès des gouvernements de l'Amérique du Sud, pour appuyer et protéger le commerce français dans ces contrées. Ils attendent avec une sorte d'anxiété sa décision sur leur demande. Leur sera-t-elle accordée, leur sera-t-elle refusée ? Cela dépend de la politique et de la sagesse du gouvernement. Si le gouvernement accède à la demande du commerce, c'est reconnaître l'indépendance des états du Sud de l'Amérique, et exposer peut-être la France à soutenir une guerre avec quelque puissance du continent. Si le gouvernement refuse d'accéder à cette demande, le commerce en souffrira. Lequel des deux est le plus avantageux ? Cette question est donc de la plus haute importance.

COLONIES.

La perte de la colonie de Saint-Domingue et celle de l'Isle-de-France a diminué la balance de notre commerce avec les autres nations de plus de quarante millions par an. Le gouvernement ne peut retrouver ce déficit et réparer cette perte, que par l'encouragement et les soins qu'il donnera à l'agriculture, au commerce, aux manufactures, aux arts et aux colonies qui lui restent La Martinique peut lui servir de point d'appui pour son commerce avec les Indes occidentales. Fortifiée et bien gardée, elle deviendra un boulevart inexpugnable et un refuge sûr pour la marine française, une sauve-garde pour la Guadeloupe, qui ne peut être considérée que comme agricole. Cayenne ne peut plus l'être que sous le même rapport, vu sa proximité avec la Guyane française, qui en fait partie. L'île de Gorée et autres établissements formés à la côte d'Afrique sont de peu d'importance. L'île Bourbon, quoique fertile en denrées coloniales, ne peut être considérée que comme agricole ; l'abord en est difficile, par les rochers et les écueils qui l'entourent. Pondichéry, sur la côte de Coromandel, est un comptoir précieux pour le commerce des Indes orientales, il mérite toute l'attention du gouvernement : il doit être fortifié et gardé. Des maisons de commerce françaises pourraient s'y établir, et en faire un entrepôt de marchandises très-important pour le commerce de l'Inde.

Voilà ce qui reste d'établissements à la France, en Amérique, en Afrique et en Asie : ils ne pourront jamais balancer ni réparer la perte de la colonie de Saint-Domingue et celle de l'île de France. Néanmoins, si le gouvernement porte son attention et ses soins à faire prospérer ces établissements, il diminuera les droits imposés sur les objets que la France leur porte et sur les produits qui en proviennent. Droits qui arrêtent les progrès de l'industrie agricole de ces établissements, pèsent sur les consommateurs français, et qui, favorisant le commerce interlope des nations étrangères, corrompent les agents du fisc, pour introduire en France leurs denrées et leurs marchandises. Si on enchaîne l'industrie et le commerce des colons par l'exclusion des étrangers, qu'on ne les surcharge pas d'impôts qui enchaînent également leur industrie et leur prospérité.

La France est tributaire des étrangers pour les cotons en poil, l'indigo, le cacao, la cochenille, les épiceries, les drogues et autres articles nécessaires à ses manufactures, aux arts et à sa consommation. La culture de la majeure partie de ces articles peut être introduite dans les colonies. Si on l'éclaire et si on la protège, elle s'y naturalisera et y prospèrera. La culture des épiceries a été introduite à Cayenne : ne peut-on pas l'y faire prospérer et fortifier cette précieuse possession, qui protégerait la Guyane française, dont on peut tirer parti ?

Depuis que nous avons perdu l'île de France, nous n'avons plus de point d'appui pour notre commerce des Indes orientales. La France possédait jadis un établissement à Madagascar, nommé le Fort-Dauphin. On ne sait pourquoi il a été abandonné. Il n'était pas le point le plus avantageux pour former un établissement solide dans cette île ; il a été reconnu depuis que le plus convenable était celui nommé Temetave, à l'est de l'île, d'où on pourrait faire arriver les plus gros bâtiments à l'étang de Nossé, où la nature a formé un excellent port. Au milieu, est une île dont l'air est très-pur, et dont la défense serait aisée. Cette position a cela d'heureux, qu'avec quelques précautions, on pourrait en fermer l'entrée aux escadres ennemies.

Madagascar, séparé du continent de l'Afrique par le canal de Mosambique, est située à l'entrée de l'Océan indien, entre le douzième et le vingt-cinquième degré de latitude, entre le soixante-deuxième et le soixante-dixième degré de longitude. Elle a trois cents trente-six lieues de long, cent-vingt dans sa plus grande largeur, et environ huit cents de circonférence.

Cette grande et belle île, située à environ moitié de la route qui conduit aux Indes orientales, peut servir de lieu de relâche aux vaisseaux et bâtiments qui vont et reviennent des Grandes-Indes, où ils peuvent faire de l'eau, et s'y ravitailler à bon compte, étant très-fertile en toute sorte de légumes, fruits, volailles, bœufs, moutons et comestibles. Elle n'est habitée que par un peuple encore dans l'enfance et dans l'ignorance. Ce serait donc un grand bienfait de lui porter la civilisation, la morale, l'industrie et les arts. Cette île est susceptible de produire abondamment toutes les denrées qu'on pourrait y cultiver. Il conviendrait, pour commencer un pareil établissement, de prendre un parti tout opposé à celui qui en a fait échouer tant d'autres. En profitant de l'expérience des malheurs arrivés précédemment, on pourrait réussir parfaitement : 1.°, en ne faisant d'abord qu'une petite expédition qui ne pourrait inquiéter ni donner l'alarme à ces peuples demi-sauvages ; 2.°, en mettant, pour diriger une pareille entreprise, quelques hommes instruits, un ou deux interprètes, quelques savants missionnaires, quelques jeunes gens bien élevés et de bonne conduite, des médecins, chirurgiens, pharmaciens avec les médicaments nécessaires, deux ingénieurs, des artistes et des ouvriers, enfin, tout ce qui est nécessaire à la conservation des hommes attachés à une pareille expédition ; 3.°, il conviendrait que le chef conduisant cette opération fût décoré, et se présentât avec une musique bruyante, des objets d'arts et métiers capables de fixer l'attention et la curiosité de ces insulaires, et de capter leur confiance. Il ne faudrait pas d'abord contrarier leurs mœurs, leurs usages et leurs plaisirs ; mais bien leur faire prendre par gradation et insensiblement du goût pour les choses utiles et agréables, pour la religion et la morale. Il conviendrait encore que les chefs de cette entreprise eussent l'autorité de maintenir l'ordre parmi les personnages occupés sous leurs ordres, et de réprimer sévèrement tout ce qui pourrait troubler la tranquillité et aliéner l'esprit des insulaires ; 4.°, la confiance réciproque étant bien établie, les chefs de cette entreprise pourraient proposer aux chefs des insulaires et même à la nation assemblée l'achat du territoire nécessaire à l'établissement, payable en argent ou objets à leur convenance ; et, après cette acquisition consommée, ils commenceraient l'établissement, sans apparence d'intentions hostiles, et en même temps l'instruction des insulaires et tout ce qui serait convenable pour la réussite d'une pareille entreprise, sans perdre de vue, néanmoins, les précautions nécessaires pour la conservation des hommes et des choses ; après ces dispositions, les chefs de l'entreprise rendraient un compte exact des affaires, et feraient la demande au gouvernement de tout ce qui serait nécessaire à l'établissement pour le bien diriger, et mettre la France à même de prendre de sages mesures pour le conduire à une bonne fin.

Avec des moyens sages et conciliateurs, on peut, en civilisant ces hommes demi-sauvages, leur inspirer le goût de l'industrie, de l'agriculture et des arts, sans attenter à leur liberté, et par suite tirer de cette île de riches productions.

Marine marchande et royale.

Si le gouvernement donne à la nation et au commerce maritime toute la latitude qui peut convenir pour le faire prospérer et lui faire prendre de l'accroissement ; s'il lève tous les obstacles qui pourraient le gêner ; s'il lui accorde par ses relations diplomatiques avec les cours étrangères la protection qui lui est nécessaire ; si, par les traités d'alliance et de commerce, ses intérêts sont bien établis, notamment pour le fret et les assurances, qui sont d'un grand poids dans la balance du commerce ; si, enfin, il envoie des agents diplomatiques et des consuls dans toutes les places où ils seront nécessaires, il n'est pas douteux qu'il acquerra toute l'extension possible.

Une navigation active et de long cours forme de bons marins, qui deviennent précieux pour le service royal et le plus ferme appui d'une puissance qui sait se faire respecter des autres nations.

Pour avoir une marine royale en état de protéger le commerce, les côtes et les possessions d'outre-mer, il faut des chefs pris dans toutes les classes de la société, bien instruits et forts en théorie et en pratique, attachés aux intérêts de leur pays ; qui préfèrent la gloire de conserver et sauver les propriétés nationales et commerciales à celle d'un combat inutile et dangereux. Du reste, ces chefs, qui commanderont de bons vaisseaux et des équipages bien formés, seront assurés de bien réussir et de faire respecter leur pavillon.

RÉSUMÉ.

La population de la France est fixée maintenant à trente millions d'individus environ. Il est de la sagesse du gouvernement de procurer à cette nombreuse population du travail et des moyens d'existence. Des observateurs éclairés remarquent que si l'état prospère de la France continue, la population augmentera du dixième tous les vingt ans ; et que, pour lui donner du travail et des subsistances il conviendra que le gouvernement porte toute son attention et ses soins à l'agriculture, aux manufactures, aux arts, au commerce intérieur et extérieur, aux colonies et à la marine. Une telle population, utilement employée, est une richesse qui influe pour beaucoup sur la prospérité et la force d'un état.

Depuis que le gouvernement actuel a pris de la stabilité; depuis que les finances ont été bien administrées, les engagements remplis avec exactitude, et que le crédit public a été rétabli sur une base solide, ainsi que la confiance, le numéraire a reparu en abondance, l'intérêt a baissé, des associations se sont formées, des entreprises ont été faites, de nouveaux canaux ont été commencés ainsi que de nouvelles routes; les chemins vicinaux sont entretenus, et toutes les communications possibles sont ou vont être établies pour les besoins, l'activité et la prospérité du commerce; des mines précieuses viennent d'être récemment découvertes, et seront incessamment exploitées; des plantations d'arbres se font sur toutes les routes, et vont les embellir; des édifices publics, des maisons, des hôtels s'élèvent dans presque toutes les villes de France. Tant de sages entreprises, effectuées ou près de l'être, occupent une multitude de bras, et font espérer que le gouvernement portera ensuite toute son attention et ses soins à l'agriculture de la France et de ses colonies; au desséchement des marais, et à la mise en valeur des terres incultes; puis qu'il s'occupera spécialement des places fortes, des arsenaux, des approvisionnements de la marine. Une nation qui s'endette en employant l'argent à des choses si utiles, s'enrichit et établit sa prospérité sur des bases certaines. Enfin, tant d'embellissements dans la capitale et les principales villes du royaume y attirent une foule de riches étrangers qui s'empressent de venir jouir du beau climat de la France, des agréments qu'ils y trouvent et de l'urbanité de ses habitants.

- Des orateurs, dans les deux Chambres, se sont élevés avec force contre la loterie et les jeux autorisés par le gouvernement, sans faire attention que, chez un peuple nombreux, il existe des vices impossible à détruire ; que les passions vives conduisent l'homme qui en est atteint à la dégradation, à tous les crimes ; qu'après s'être ruiné par des débauches crapuleuses, il deviendrait voleur et assassin, s'il ne lui restait pas l'espoir de rétablir ses affaires, en tentant les chances du jeu. S'il réussit, il est toujours vicieux, et devient filou et escroc ; s'il perd, et qu'il se suicide, la société en est délivrée. Un homme qui a le moins de sens commun et qui tentera les chances du jeu, risquera peu, et ne compromettra pas son existence et celle de sa famille : l'insensé qui se ruinera au jeu, par une passion effrénée, est un fou bon à renfermer, et qui ne mérite aucune commisération.

Il est donc des maux, dans une grande population, qu'un gouvernement ne peut éviter, quelque sagesse qu'il ait d'ailleurs. L'homme poussé par la passion du jeu, s'il n'en trouve pas d'établi dans son pays, ira se ruiner ailleurs, où il trouvera moyen de satisfaire ce goût funeste : aux yeux du législateur, son exemple sera sans fruit pour les autres hommes, et son pays apauvri d'autant ; puis les étrangers, plus adroits, établiraient en France des bureaux de loterie clandestins, et emporteraient ainsi notre numéraire. Tout bien considéré, s'il est impossible d'éviter ce mal, le gouvernement fait donc bien d'en faire une branche du revenu public : et peu importe que l'argent soit dans une main ou dans une autre, pourvu qu'il ne sorte pas du royaume.

L'auteur a rédigé cet écrit dans sa quatre-vingt-unième année; il ne s'est point appliqué à châtier son style, mais bien à émettre des pensées et des choses qu'il croit utiles à sa patrie. Puissent ses vœux être exaucés! Les vœux de l'innocence et ceux de la vieillesse sont agréables à Dieu : puisse sa bonté infinie jeter un regard favorable sur la France, et combler les souhaits d'un octogénaire prêt à dire avec calme *Nunc dimittis*, puisqu'il voit sa patrie prospérer!

A NANTES,
IMPRIMERIE D'HÉRAULT, RUE DE GUÉRANDE.

www.ingramcontent.com/pod-product-compliance
Lightning Source LLC
Chambersburg PA
CBHW060726050426
42451CB00010B/1642